ÜBERS SCH WEG

Alle Wegstrecken als kompakte Booklets erhältlich!

1. **Konstanz – Einsiedeln** Schwabenweg
2. **Bregenz – Rorschach – Einsiedeln** Rorschacher Ast
3. **Einsiedeln – Brünigpass** Innerschweiz-Weg
4. **Brünigpass – Amsoldingen** Berner-Oberländer-Weg
5. **Amsoldingen – Romont / Moudon**
   Gantrisch-Fribourg-Weg
6. **Romont – Genève** Weg der Romandie
7. **Luzern – Rüeggisberg** Luzerner Weg
8. **Rankweil – Wattwil** Vorarlberg-Appenzeller-Weg
9. **Blumberg – Rapperswil-Jona / Tobel**
   Schaffhauser-Zürcher-Weg
   Thurgauer-Klosterweg
10. **Müstair – Oberdorf** Jakobsweg Graubünden
11. **Basel – Bern** Basler Weg
12. **Basel – Payerne** Drei-Seen-Weg
13. **Disentis – St-Maurice** Rhein-Reuss-Rhone-Weg
14. **Rorschach – Genève** Jakobsweg für Velofahrer

Impressum

Alle Angaben in dieser Broschüre wurden vom Verein jakobsweg.ch nach bestem Wissen und Gewissen erstellt und von ihm und dem Verlag mit Sorgfalt geprüft. Inhaltliche Fehler sind dennoch nicht auszuschliessen. Daher erfolgen alle Angaben ohne Gewähr. Weder Verein noch Verlag übernehmen Verantwortung für etwaige Unstimmigkeiten.

Alle Rechte vorbehalten, einschliesslich derjenigen des auszugsweisen Abdrucks und der elektronischen Wiedergabe.

© 2019 Werd & Weber Verlag AG, CH-3645 Thun / Gwatt
Verein jakobsweg.ch, CH-3000 Bern, vertreten durch Walter Wilhelm und Hans-Rudolf Hänni

Broschürenkonzept
Verein Jakobsweg.ch, CH–3000 Bern

Texte
Klaus Augustiny, Anton Bischofberger, Winfried Erbach, Pius Freiermuth, Rudolf Käsermann, Karin Merazzi-Jacobson, Peter Salzmann, Anette Schüssler, Joe Weber, Walter Wilhelm

Lektoren
Klaus Augustiny, Anette Schüssler, Dr. P. Witschi, Dominik Wunderlin, Anne-Käthi Zweidler

Fotos
Thomas Andenmatten, Winfried Erbach, Wolfang Hörer, Thomas Käser, Karin Merazzi-Jacobson, Josef Schönauer, Walter Wilhelm, Dominik Wunderlin und diverse andere

Broschürenumschlag
Bild Titelseite: Schloss Landshut
Bild Rückseite: Klosterruine in Rüeggisberg
Aus dem Buch ViaStoria, Alte Wege – neu gesehen, Heinz Dieter Finck

Kartografie
Quelle Bundesamt für Landestopografie

Werd & Weber Verlag AG
Gestaltung und Satz: Susanne Mani und Nina Ruosch
Korrektorat: Romina Del Principe, Laura Scheidegger, Nicole Odermatt und Carmen Frei

ISBN 978-3-03922-028-1 | www.weberverlag.ch | www.werdverlag.ch | www.jakobsweg.ch

Der Verlag Werd & Weber wird vom Bundesamt für Kultur
mit einem Strukturbeitrag für die Jahre 2016–2020 unterstützt.

PILGERPASS, PILGER-MUSCHEL UND NÜTZLICHES

Pilgerpass

Der Pilgerpass dient den Pilgern, um vergünstigt in Pilgerherbergen übernachten zu können. Ausserdem ermöglicht die lückenlose Dokumentation des Pilgerwegs (für mindestens die letzten 100 Kilometer zu Fuss oder 200 Kilometer mit dem Velo – vergessen Sie nicht, zwei Stempel pro Tag in den Pilgerpass eintragen zu lassen), bei der Ankunft in Santiago de Compostela die begehrte Urkunde zu erlangen. Die sogenannte «Compostela» wird nach Prüfung des Pilgerpasses im Pilgerbüro des Domkapitels der Kathedrale von Santiago de Compostela ausgestellt. Nicht zuletzt ist der Pilgerpass auch ein sehr persönliches Andenken an eine unvergessliche Reise. Der offizielle Pilgerpass der IG Swiss Camino entspricht den Bestimmungen des Pilgerbüros des Domkapitels in Santiago. Der Pilgerpass kann inklusive Schutzhülle auf jakobsweg.ch online bestellt werden. Nach Erhalt sind an den dafür vorgesehenen Stellen der Name sowie die Nummer der Identitätskarte oder des staatlichen Reisepasses einzutragen.

Pilgermuschel

Pilgermuscheln mit Lederbändel sind ca. 12 × 14 cm gross und können via jakobsweg.ch online bestellt werden.

Nützliches

Weitere nützliche Artikel, Unterkunftslisten, Listen zu Informationsstellen, Adressen zertifizierter Pilgerbegleiterinnen und -begleiter und vieles mehr finden sich im Online-Shop auf jakobsweg.ch. Auch spirituelle Texte werden angeboten.

BASEL–BERN
VARIANTE SOLOTHURN–BURGDORF

BASEL–BERN

WEGDISTANZ 107,6 km

MITTLERE WANDERZEIT rund 36 Stunden

HÖHENMETER –2358 m / +2633 m

VARIANTE BASEL–BURGDORF

WEGDISTANZ 89,1 km

MITTLERE WANDERZEIT rund 26 Stunden

HÖHENMETER –2208 m / +2510 m

Der Basler Weg in Kürze

Der Basler Weg ist ein historischer Verbindungsweg zwischen den Stadtklöstern in Basel und den Klöstern Dornach, Beinwil und Solothurn. Von Basel führt der Weg zunächst dem Flusslauf der Birs entlang und durchs wildromantische Kaltbrunnental über den Meltingerberg nach Beinwil, und von dort in zwei gebirgigen Etappen über die Jurakette Hohe Winde nach Welschenrohr und über den Weissenstein mit seiner traumhaften Aussicht über die ganze Alpenkette nach Solothurn (schönste Barockstadt der

◂ Galluspforte Basel

Münster Basel ▶

Schweiz) mit der Kathedrale St. Ursen. Danach führt der Weg weiter via Biberist und von dort der Emme entlang nach Fraubrunnen. Obwohl in Zollikofen bereits die Agglomeration von Bern beginnt, führt der Weg von da an alles direkt der Aare entlang mitten in die malerische Hauptstadt der Schweiz (Weltkulturerbe). Beim Bärenpark in Bern mündet der Weg in den Luzerner Ast der ViaJacobi ein nach Fribourg, Lausanne, Genf.

Eine Variante führt ab Schloss Landshut in Utzenstorf am rechten Flussufer weiter alles der Emme entlang nach Burgdorf, mit seinem schönen historischen Kern mit Kirche und Schloss. Via Burgdorf ist der Weg etwas weiter, er führt aber schneller in den schweizerischen Jakobsweg ein.

PILGERSTADT BASEL

WEGDISTANZ Stadtrundgang 2,3 km

WANDERZEIT 2 Std. 45 Min.

HINWEIS Die Besichtigung der Pilgerstadt Basel empfiehlt sich sowohl für Pilger und Pilgerinnen, welche aus der Region «Basiliensis» oder aus dem benachbarten Süddeutschland oder Elsass in die Schweiz kommen. Für unseren weiteren Pilgerweg haben wir die Wahl uns für den Drei-Seen-Weg nach Payerne und weiter auf dem Weg der Romandie nach Genf (Anschluss an Frankreich) oder für den Baslerweg in die Hauptstadt der Schweiz nach Bern zu entscheiden.

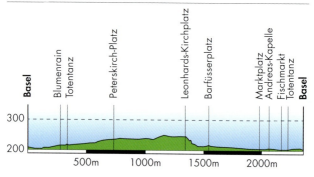

Bekannt ist Basel als Stadt der Messen und der Museen, aber auch als Stadt der Humanisten, des Handels und der pharmazeutischen Industrie. Weniger bekannt ist heute Basel als Pilgerstadt. Doch für die Pilgerinnen und Pilger war die Basler Rheinbrücke einst ein wichtiger Übergang. Hier trafen sich über die Reformation hinaus die Menschen, die vom Rheinland nach Rom oder vom Schwarzwald nach Santiago zogen.

Heute verzichten viele Weitwanderer darauf, grosse Städte zu Fuss zu durchqueren. Für wenige Kilometer benötigt man in den verkehrsreichen Vorstädten oft unverhältnismässig viel Energie. Doch Basel kann man sich von Norden wie von Osten auf grünen Rheinpromenaden nähern und erreicht so die sehenswerte, weitgehend verkehrsfreie Altstadt. Durch manche ihrer Strassen zogen einst die Pilger, die hier auch Herberge fanden. So im 14./15. Jahrhundert in der Oberen Rheingasse, bis zur Reformation auch in der St. Johanns-Vorstadt (bei den Antonitern) und ab 1432 bis ins 19. Jahrhundert in der Petersgasse.

Höhepunkt des Etappenortes Basel war und ist bis heute das Münster. Die Figuren und Szenen rund um die Galluspforte erzählen seit über tausend Jahren vom fröhlichen Gottvertrauen der romanischen Steinmetze. Selbst der Bildersturm der Reformation konnte dem Basler Münster nicht die Verspieltheit und das Lächeln rauben, die die Figuren und die gotischen Türme in ihrem dunkelroten weichen Sandstein ausstrahlen. Die Fresken in der Krypta erzählen die Familiengeschichte Marias. Früher gab es im Münster auch eine Jakobskapelle. Noch heute ist Jakobus auf dem Taufstein zu finden. Der stille Kreuzgang lädt ein zu einer wohltuenden Rast.

Auf keinen Fall darf man die Aussichtsterrasse (Pfalz) hinter dem Münster verpassen. Hier kann man den Blick über den Rheinbogen bis zu den Vogesen und in den Schwarzwald schweifen lassen.

Im Historischen Museum in der Barfüsserkirche trifft man auf unseren Jakobus als Brunnenfigur und auf eine der berühmtesten Pilgerinnen, die in Basel verehrt wurde: die heilige Ursula samt ihren legendären elftausend Jungfrauen. Die Gebeine der Heiligen ruhen zwar in Köln und ihr Schädel ist in Mariastein, unserem nächsten

Münsterkreuzgang ▶ Basel

Etappenort. Doch in einer Museumsvitrine mit dem Basler Münsterschatz lächelt einen eine kostbare Büste der Heiligen an, die ihres leichten Silberblicks wegen äusserst lebendig wirkt.

Vorbei an den Stadtpalais der Rittergasse und der St. Alban-Vorstadt führt der Weg hinunter zum St. Alban-Kloster. Die Kirche ist meist geschlossen und dient als Gotteshaus der serbisch-orthodoxen Gemeinde.

Das St. Alban-Kloster war das älteste Kloster Basels und unterstand dem Cluniazenserorden. Gestiftet wurde es 1083 vom Basler Bischof Burkhard von Fénis. Er und sein Bruder Cuno, Bischof von Lausanne, stammen von der Hasenburg in Vinelz am Bielersee. Beiden werden wir auf unserem Weg wieder begegnen. Links der Kirchenfront erhaschen wir durch den Eisenzaun einen Blick in die respektablen Reste des mittelalterlichen Kreuzgangs.

Das St. Alban-Tal genannte Altstadtquartier wird belebt von alten Kanälen, die das Kloster für die wasserständigen Gewerbe anlegen liess. Eine ehemalige Papiermühle dient heute als Museum über das Papier- und Druckgewerbe. Idyllisch und preiswert ist die Übernachtung in der renovierten Jugendherberge.

Unser Weg führt aus dem St. Alban-Tal immer dem Gewerbekanal und zeitweise auch einem Hirschpark entlang bis St. Jakob. Hier, vor den Toren der Stadt, teilten sich die Pilgerwege. Über die Birsbrücke ging der Weg durch den Jura über den Gotthard nach Rom oder via Venedig nach Jerusalem. Dem Birsufer entlang geht es nach Santiago.

Unübersehbar sind hier das Stadion der Basler Stararchitekten Herzog & de Meuron und die Sporthalle. Diesen Bauten gegenüber bittet das historische Wirtshaus St. Jakob zu Tisch. Daneben stehen die alten Siechenhäuser und die Kapelle St. Jakob. Als reformierte Kirche ist sie etwas nüchtern und meistens geschlossen. Ihr Gründungsjahr ist unbekannt. Sicher ist hingegen, dass die ursprünglich einfache Kapelle um 1300 umgebaut und vielleicht auch vergrössert wurde. Als Patrone der Kapelle waren damals bekannt: Jakobus, hier sicher auch verehrt als Patron der Reisenden, daneben die heilige Barbara (Schutzheilige gegen Gewitter) und der Viehheilige Wendelin. Unweit der Kapelle tobte 1444 die Schlacht von St. Jakob an der Birs. In der Reformation 1529 wurde die Kapelle ausgeräumt und im späten 19. Jahrhundert musste sie wegen einer Strassenkorrektion versetzt werden. Beim Abbruch kamen Fresken mit Darstellungen der Jakobslegende zum Vorschein. Der Neubau erfolgte unter Verwendung des alten Chorgewölbes und des Triumphbogens. Auf die sonntäglichen Gottesdienstbesucher blickt eine geschnitzte und gefasste Jakobusfigur mit Pilgerstab und Buch aus dem 17. Jahrhundert. Leider ist die Kirche nur während Veranstaltungen geöffnet.

◀ Galluspforte Basel

BASEL, MÜNSTER–AESCH

WEGDISTANZ 14,1 km

WANDERZEIT 3 Std. 45 Min.

HÖHENMETER –23 m / +69 m

HINWEIS Von Basel St. Alban bis nach Aesch ist der Weg signalisiert als Via Jura, Nr. 80 und identisch mit dem Drei-Seen-Weg.

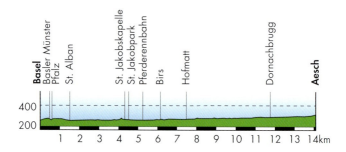

Der Baslerweg beginnt bei der Mittleren Brücke auf der Grossbasler Rheinseite, geht den Rheinsprung hoch zum Wahrzeichen der Stadt, dem Münster. Der heutige Bau geht auf den Neubau von 1180–1220 / 30 zurück. Spuren von Vorgängerkirchen sind nachgewiesen. Der Weg führt weiter durch die Rittergasse, die St. Alban-Vorstadt und Mühlenberg ins St. Alban-Tal, an der St. Alban Kirche vorbei (das älteste Kloster Basels, gegründet 1083) und folgt dort

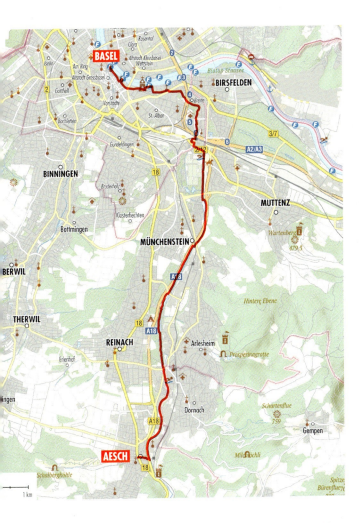

▲ Jakobus im Basler Münster

dem St. Alban-Teich via St. Jakob (das Kirchlein ist leider nur während Veranstaltungen geöffnet) zur Birs. Ihr entlang gelangen wir via Münchenstein durch das Naturschutzgebiet der Reinacherheide. Von hier aus lohnt sich ein Abstecher von der Birs weg ins Dorf Arlesheim, zum Besuch des Domes, ein Prunkstück barocken Kirchenbaus. Nachdem der Bischof von Basel in der Reformation aus der Stadt vertrieben worden war, wollte er hier seinen neuen Sitz errichten. Es kam jedoch nie dazu. In Arlesheim ist auch die Eremitage sehr sehenswert, ein im 19. Jahrhundert angelegter Naturpark. Von der Reinacherheide her ist es nur noch ein kurzes Wegstück nach Dornachbrugg zur Nepomukbrücke. Von hier aus lohnt sich ein Besuch des ehemaligen Kapuzinerklosters, heute Hotel (Übernachtung in Original-Klosterzellen). Die Kapuziner sind ein franziskanischer Reformorden, der sich hier in der Zeit der Gegenreformation am Rande des katholischen Gebietes ansiedelte. Am Hügel oberhalb von Dornach sehen wir zudem das Goetheanum, der weltweite Hauptsitz der anthroposophischen Bewegung (gegründet von Rudolf Steiner). Von Dornachbrugg gehen wir weiter der Birs entlang bis Aesch.

Der Weg ist vom St. Alban-Teich an durchgehend signalisiert als reg. Wanderroute 80, Via Jura und bis Aesch identisch mit dem Drei-Seen-Weg.

AESCH–BEINWIL KLOSTER

WEGDISTANZ 19,6 km

WANDERZEIT 6 Std. 10 Min.

HÖHENMETER –473 m / +746 m

HINWEIS Diese Etappe kann abgekürzt werden, indem man mit dem Zug S3 ab Basel, Dornach oder Aesch nach Grellingen fährt. So verkürzt sich der Weg durchs Chaltbrunnental bis zum Kloster Beinwil um fünf Kilometer. Weil auch weniger Höhenmeter zu bewältigen sind, beträgt die reine Wanderzeit ca. 4¼ Stunden. Aesch bis Kleini Weid signalisiert als Via Jura, 80. Chaltbrunnental bis Beinwil signalisiert als Via Surprise, 32.

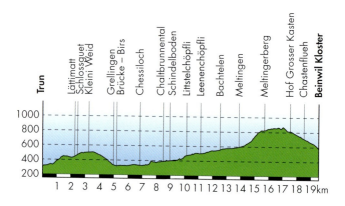

Von Aesch aus folgen wir der Ausschilderung der Via Jura 80 weiter in Richtung Pfeffigen. Schon 200 Meter nach dem Friedhof Aesch biegt die Route nach links ab und führt via Eichberg zur imposanten Burgruine Pfeffingen, einst Hauptsitz der Grafen von Thier-

stein-Pfeffingen. 500 Meter nach der Burgruine zweigt der Baslerweg bei Kleini Weid von der Via Jura (und dem Drei-Seen-Weg, der die Pilger nach Payerne führt) ab und führt uns hinunter nach Grellingen. Die Birs wird überquert, deren Flusslauf aufwärts der Weg folgt. Beim Chessiloch (Wappenfels) biegen wir in das Chaltbrunnental ein. Vom Chaltbrunnental bis Beinwil ist der Weg jetzt durchgehend als Via Surprise, Nr. 32, signalisiert. Dem Ibach entlang geht es durch das romantische Tal und den schluchtartigen Wald mit vielerlei verschiedenen Farnarten und Höhlen, in denen Spuren der Besiedelung durch die Neandertaler und die ältesten Spuren der Besiedelung durch den Jetzt-Menschen (Homo sapiens sapiens) in der heutigen Schweiz gefunden wurden. Am Ende des Chaltbrunnentals führt der Weg nach Meltingen. Nach dem Dorf beginnt der Aufstieg auf den Meltingerberg (828 m), wo wir uns in einem Bergrestaurant verpflegen können, bevor wir den Abstieg zum Kloster Beinwil antreten. Da Beinwil eine sehr weitverzweigte Streusiedlung ist, ist es wichtig, vom Meltingerberg direkt den Wegweisern zum Kloster zu folgen. Das Kloster Beinwil wurde um

1100 gegründet, in der Barockzeit zogen die Mönche nach Mariastein. 1982 bis 2018 wurde es von einer Ökumenischen Gemeinschaft belebt, anfangs 2019 ist eine griechisch-orthodoxe Klostergemeinschaft eingezogen.

◀ Kloster Beinwil
▼ Ibach Chaltbrunnental

BEINWIL KLOSTER–WELSCHENROHR

WEGDISTANZ 17,2 km

WANDERZEIT 5 Std. 45 Min.

HÖHENMETER –776 m / +875 m

HINWEIS Beinwil Kloster bis Vorder Erzberg signalisiert als Via Surprise, 32. Vorder Erzberg bis Welschenrohr signalisiert als Weissenstein-Passwangweg, 478.

Vom Kloster Beinwil aus folgen wir weiterhin der Via Surprise, Nr. 32. Der Aufstieg führt durch den Wald des Schattenbergs via Ebnet–Kleine Winde auf den Gipfel der Hohen Winde (1204 m). Nach dem langen Aufstieg im Wald öffnet sich dort ein wunderba-

rer Ausblick auf die Vogesen (Elsass), die oberrheinische Tiefebene, den Schwarzwald (Deutschland) und den Jurabogen. Nur wenig unterhalb der Hohen Winde weitet sich der Blick bei einer Skihütte (Rastplatz) nach Süden zum Alpenbogen hin. Kurz danach kommen wir zum Bergrestaurant Vorder Erzberg, wo wir uns verpflegen können. Hier verlassen wir die Via Surprise, folgen von hier an aber bis Welschenrohr der durchgängig bestens markierten regionalen Wanderroute 478, dem «Weissenstein–Passwangweg». Kurz danach erreichen wir den Scheltenpass (1051 m). Der Weg führt zuerst in leichtem auf und ab unterhalb des Matzendörfer Stierenbergs vorbei (Restaurant) durch die Jurahöhen via Zenter zum Gasthof Obere Tannmatt, einer weiteren Verpflegungsgelegenheit. Von dort gelangen wir via Chüematt zur Wolfsschlucht, der wir ein Stück weit hinunter in Richtung Hammer folgen. Schon bald aber nehmen wir die Abzweigung nach rechts durch den Wald des Cholholzes und erreichen danach über Wiesen das Dorf Welschenrohr.

◄ In der Wolfsschlucht

WELSCHENROHR–SOLOTHURN

WEGDISTANZ 14,3 km

WANDERZEIT 4 Std. 45 Min.

HÖHENMETER –844 m / +605 m

HINWEIS Der Weg ist durchgehend signalisiert als Weissenstein-Passwangweg, 478.

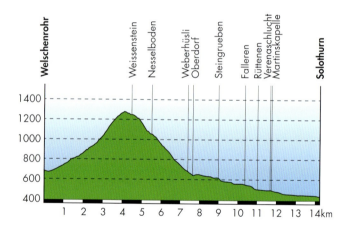

Von Welschenrohr bis Solothurn ist der Weg durchgehend signalisiert als Weissenstein-Passwangweg, 478. Der Weg führt dabei durch die Nordseite des Schitterwaldes. Kurz vor der Krete gelangen wir auf die Verbindungsstrasse, die von Gänsbrunnen auf den

Weissenstein führt, den Solothurner Hausberg (1287 m). Der Weissenstein bietet bei schönem Wetter ein atemberaubendes Panorama. Vom Jura bis an den Alpennordrand, vom Säntis bis zum Mont Blanc, mit einer faszinierenden Weitsicht über das Berner Mittelland bis hin zum Neuenburgersee liegt ihnen alles zu Füssen. Noch besser ist die Aussicht, wenn Sie einen kurzen Abstecher zum Punkt Röti (P.1395) machen. Auf der grossen Sonnenterrasse des Hotels und Kurhauses Weissenstein können Sie sich kulinarisch verwöhnen lassen. Empfehlenswert ist ein kurzer Besuch in der ökumenischen Kapelle auf der Südseite etwas unterhalb des Kurhauses Weissenstein. Der Abstieg folgt über Nesselboden ins schweizerische Mittelland hinab an einem Steinbruch vorbei nach Oberdorf.

Kurz vor der Bahnstation Oberdorf lohnt sich ein Abstecher vom Weberhüsli zu den Dinosaurierspuren bei Steingrueben und in Oberdorf der Besuch der Wallfahrtskirche mit der Gnadenkapelle «Unserer lieben Frau». Der Weg führt danach oberhalb des Dorfes dem Waldrand entlang via Bellevue, Falleren nach Rüttenen/Brüggmoos und weiter zur Verenaschlucht. Kurz nach dem Eintritt in die Schlucht bilden die Einsiedlerklause (heute noch von einem Einsiedler bewohnt) und die Verena- und die Martinskapelle ein einheitliches Ensemble. Von der Verenaschlucht ist es nur noch ein kurzer Weg in die Stadt Solothurn hinein mit der St. Ursenkathedrale, die 1773 vollendet worden ist. Solothurn ist die schönste Barockstadt der Schweiz!

◀ St. Martinskapelle
▼ Verenaschlucht

SOLOTHURN–FRAUBRUNNEN

WEGDISTANZ 17,6 km

WANDERZEIT 4 Std. 30 Min.

HÖHENMETER –121 m / +177 m

HINWEIS Statt von Solothurn weiter nach Bern zu gehen, können Sie auch mit dem Schiff (Flussschifffahrt) von Solothurn nach Biel fahren, wo Sie auf den Drei-Seen-Weg gelangen (nicht signalisiert). Sie können auf dem Bielersee auch weiter das Schiff von Biel bis Erlach benützen, wo Sie ebenfalls wieder zum Drei-Seen-Weg gelangen, der via Murten und Avenches nach Payerne führt. Eine Variante des Basler Weges führt via Burgdorf (siehe Solothurn-Burgdorf) zum schweizerischen Jakobsweg.

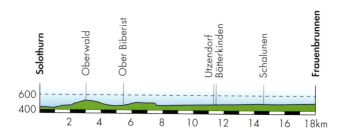

In Solothurn gehen Sie durch die Altstadt über die Aare und kommen dann via Schöngrüen, wo Sie die Autobahn überqueren, in den Oberwald und durch ihn hindurch nach Ober-Biberist. Sie gehen ein kurzes Stück der Hauptstrasse entlang, überqueren dabei eine Eisenbahnlinie und biegen kurz danach nach rechts ab dem Siedlungsrand von Ober-Biberist entlang und danach via Altismatt in

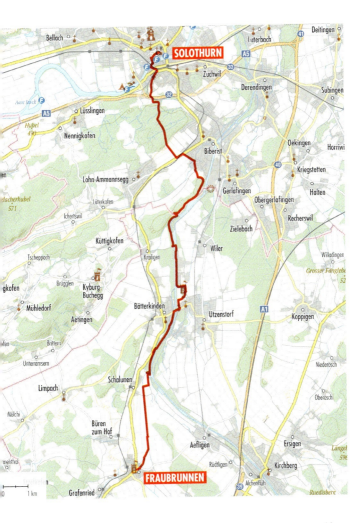

Schloss Landshut ▶

An der Emme, Höhe Schalunen (Schleuse) ◀

den Wald des unteren Altisbergs. Achten Sie darauf, dass sie auf dem Waldweg oberhalb des Abhangs bleiben. Vom unteren Altisberg führt der Wanderweg ca. einen Kilometer durch den Wald oberhalb des Abhangs bis zum Wegweiser Biberist Altisberg. Dort führt der Wanderweg zur hier kanalisierten Emme hinunter und folgt ihr im Schatten des Waldes flussaufwärts bis zur ersten Brücke (Krailigensteg) bei einer Vereinshütte und dem Hornusserplatz. Der Weg führt über die Brücke auf die Südseite der Emme, passiert das Gelände der ehemaligen Papierfabrik und streift weiter flussaufwärts die Ortschaft Utzenstorf. Sehenswert ist dort das Wasser-Schloss Landshut, an dem Sie vorbeikommen (Schlosscafé, geöffnet im Sommerhalbjahr). Das Schloss Landshut ist das einzige Wasserschloss im Kanton Bern und beherbergt auch das Schweizerische Museum für Wild und Jagd. Im Dorf selbst sind die reformierte und die katholische Kirche interessant und beide einen Besuch wert. Nach dem Besuch von Utzenstorf überqueren Sie wieder die Emme und gelangen an den Dorfrand von Bätterkinden. Sehenswert ist im Dorf die von Münsterwerkmeister Dünz 1664 erbaute Kirche. Von Bätterkinden führt der Weg zunächst weiter der Emme entlang. Nach ca. zwei Kilometer, in der Nähe von Schalunen, wird der Wegweiser Alp erreicht. Der Weg führt von der Emme weg und weiter durch weite Felder durchs Fraubrunnenmoos bis in den Ortskern von Fraubrunnen. Kurz bevor Sie Fraubrunnen erreichen, lädt das Schwimmbad direkt am Weg zu einer kühlen Erfrischung ein. Im Mittelalter war Fraubrunnen bekannt wegen seines Zisterzienserinnenklosters, das jedoch in der Reformationszeit (1528) aufgehoben wurde.

FRAUBRUNNEN–BERN

WEGDISTANZ 24,7 km

WANDERZEIT 6 Std. 20 Min.

HÖHENMETER –121 m / +161 m

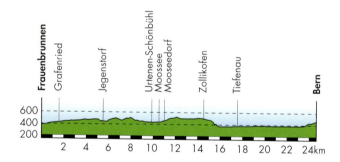

Kurz nach Fraubrunnen kommen wir nach Grafenried. Der Ortskern von Grafenried gehört zu den schützenswerten Ortsbildern von nationaler Bedeutung und weist zahlreiche charakteristische Bauernhäuser im bernischen Landstil aus dem 17. bis 19. Jahrundert auf. Durch Feld und Wald führt der Weg weiter nach Jegenstorf. Die evangelisch-reformierte Kirche Jegenstorf gehört zu den grössten gotischen Dorfkirchen im alten Bern. Eine besondere Se-

henswürdigkeit sind die prächtigen Kirchenfenster aus vorreformatorischer Zeit, die zu den schönsten und ältesten des Kantons Bern gehören. Und wer gut beobachtet, findet das Jakobus-Fenster mit Stab, Muschel am Hut und umgeschnalltem Trinkgefäss! Der Weg führt über einen leichten Hügelrücken, der eine gute Sicht Richtung Osten erlaubt. Linkerhand die Jurakette mit dem Weissenstein, rechterhand die ansteigenden Hügel des unteren Emmentales, erreichen wir Urtenen-Schönbühl. Nicht direkt am Wanderweg, aber mit einem kleinen Umweg durch das Dorf erreichbar, ist die evangelisch-reformierte Kirche von Urtenen-Schönbühl. Ein kirchenarchitektonisches Juwel aus den 1960iger Jahren: ein für die damalige Zeit revolutionärer, durchkomponierter Betonbau in einem Stück (fugenlos!), die Grundform parabelförmig, gestaltet nach dem goldenen Schnitt. Und so treten wir Schritt für Schritt in die Grossagglomeration von Bern ein mit Gewerbebauten, Einkaufscentern, Autobahnbrücken. Und stehen vor dem Moossee – im Sommer eine ideale Bademöglichkeit. Nach der Durchquerung eines Waldstücks durchschreiten wir der Länge nach Zollikofen.

Und dann der Lohn für diesen Marsch durch das Strassendorf auf Teer: Der Flusslauf der Aare kommt in Sicht. Hier sehen wir das Schloss Reichenbach. Und die restlichen ca. 10 km dieser Etappe entschädigen mit der Wanderung flussaufwärts. Bis wir auf die mittelalterlichen Häuserzeilen von Bern treffen, die alte Untertorbrücke und die neuere Obertorbrücke mit dem direkt angrenzenden Bärenpark. Über die Brücke gelangen wir direkt in die Altstadt hinein (Weltkulturerbe) zum Münster und den andern Sehenswürdigkeiten der Stadt.

In Bern (Bärenpark) haben Sie Anschluss an den Schweizerischen Jakobsweg (nat. Route 4, Muschelsignet) nach Fribourg–Lausanne–Genf und weiter nach Le Puy–Santiago, oder von Lausanne auf der Via Francigena über den Grossen Sankt Bernhard nach Rom.

▼ Schloss Fraubrunnen
▼ Schloss Jegenstorf

SOLOTHURN–BURGDORF (VARIANTE)

WEGDISTANZ 23,9 km

WANDERZEIT 6 Std.

HÖHENMETER –92 m / +215 m

HINWEIS Die Strecke Solothurn–Burgdorf ist eine Variante des Basler Weges nach Bern. Diese Variante ist etwa 20 km weiter als der Weg Solothurn–Fraubrunnen–Bern, er führt aber früher in den schweizerischen Jakobsweg von Luzern herkommend ein.

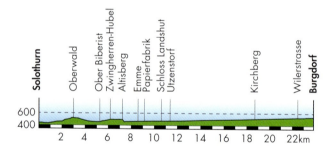

In Solothurn gehen wir durch die Altstadt über die Aare und kommen dann via Schöngrüen, wo wir die Autobahn überqueren, in den Oberwald und durch ihn hindurch nach Ober Biberist. Wir gehen ein kurzes Stück der Hauptstrasse entlang, überqueren dabei eine Eisenbahnlinie und biegen kurz danach nach rechts ab dem Siedlungsrand von Ober Biberist entlang und danach via Altismatt in den Wald des unteren Altisbergs. Wir achten darauf, dass wir auf

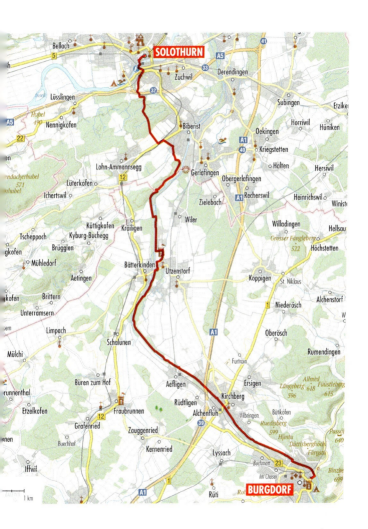

▲ Der Emme entlang

dem Waldweg oberhalb des Abhangs bleiben. Vom unteren Altisberg führt der Wanderweg ca. einen Kilometer durch den Wald oberhalb des Abhangs bis zum Wegweiser Biberist Altisberg. Dort führt der Wanderweg zur hier kanalisierten Emme hinunter und folgt ihr im Schatten des Waldes flussaufwärts bis zur ersten Brücke (Krailigensteg) bei einer Vereinshütte und dem Hornusserplatz. Der Weg führt über die Brücke auf die Südseite der Emme, passiert das Gelände einer Papierfabrik und streift weiter flussaufwärts die Ortschaft Utzenstorf. Sehenswert ist dort das Wasserschloss Landshut, an dem wir vorbeikommen (Schlosscafé, geöffnet im Sommerhalbjahr).

Danach ist es empfehlenswert, auf der Utzenstorfer Seite weiter flussaufwärts zu wandern. Wir kommen dabei durch das Naturschutzgebiet Ämmeschache-Urtenesumpf, ein Auengebiet von nati-

onaler Bedeutung. Der Uferweg führt via Kirchberg nach Burgdorf. Wir erreichen das Städtchen bei der überdachten hölzernen Wynigenbrücke. Dort treffen wir auch auf die ViaJacobi, den Jakobsweg, der vom Bodensee herkommend die Schweiz bis zum Genfersee durchquert. Er ist als nationaler Wanderweg Nr. 4 mit dem Muschelsignet markiert.

Damit endet in Burgdorf der Basler Weg. Auf dem Luzerner Weg, ein Abschnitt der ViaJacobi, gelangen Pilgerinnen und Pilger via Bern nach Rüeggisberg, von dort auf dem Gantrisch-Fribourg-Weg nach Fribourg und schliesslich auf den Weg der Romandie nach Genf. Hier hat man Anschluss an den französischen Jakobsweg (Via Gebennensis und Via Podiensis), der schliesslich nach Spanien führt, wo man auf dem Camino Frances Santiago de Compostela erreicht.

▲ Autobahnübergang Moosseedorf